Irmgard Powierski

Wider das Vergessen

7 x 7 Psalmen zwischen den Stelen

Vandenhoeck & Ruprecht

Und du sollst zählen sieben Sabbatjahre,
siebenmal sieben Jahre,
dass die Zeit der sieben Sabbatjahre
neunundvierzig Jahre mache.
Da sollst du die Posaune blasen lassen
durch euer ganzes Land
am zehnten Tage des siebenten Monats,
am Versöhnungstag.

3 Mose 25,8–9

Mit 10 Abbildungen
nach Plastiken von Gottfried Reichel, Pobershau

Bibliografische Information der Deutschen Nationalbibliothek

Die Deutsche Nationalbibliothek verzeichnet diese Publikation in der Deutschen Nationalbibliografie; detaillierte bibliografische Daten sind im Internet über http://dnb.d-nb.de abrufbar.

ISBN 978-3-525-63388-5

Satz: Daniela Weiland, Göttingen
Druck und Bindung: Hubert & Co., Göttingen

Gedruckt auf alterungsbeständigem Papier

Zum Geleit

I

Ich habe die von Irmgard Powierski verfassten „Psalmen zwischen den Stelen“ gelesen. Als Angehörige einer traditionell jüdischen Familie, mein Vater war Kantor, sind mir die Psalmen der Bibel von Kindheit an vertraut. Von Juli 1943 bis zur Befreiung 1945 war ich in Auschwitz und Ravensbrück inhaftiert. Den Todesmarsch in den letzten Wochen des Krieges habe ich mit wenigen anderen überlebt. Meine Eltern, Geschwister und viele Familienangehörige sind ermordet worden.

Wenn ich auch in den Konzentrationslagern den Glauben an den Gott-Jahve verloren habe, kann ich doch bestätigen: So wie die Psalmen von Irmgard Powierski es ausdrücken, haben Leidende, Glaubende, Zweifelnde in Auschwitz gedacht, gesprochen und gesungen. Ich sehe mich mit der Autorin solidarisch im Wirken „wider das Vergessen“.

Mögen die „Psalmen zwischen den Stelen“ in Berlin und an vielen anderen Orten zur Erinnerung an die Gequälten und Gemordeten gelesen und gebetet werden. Den gegenwärtig Leidenden mögen sie Ermutigung zur Klage geben und auch Trost und Hilfe sein.

Esther Bejarano,
Hamburg, im Juni 2007

II

Psalmen spiegeln die Seele der Frommen. In ihnen sehen wir, wie Martin Luther sagt, den Heiligen mitten ins Herz. Die biblischen Psalmen haben eine Vorgeschichte in Babylon, Ägypten und anderen Kulturen. Sie haben eine Wirkungsgeschichte, schon im Neuen Testament und in der Geschichte und Kirchengeschichte bis zum heutigen Tag. Über 2000 Jahre Beschäftigung mit dem Psalter haben immer wieder angeregt zur Auslegung und auch zur eigenen Nachdichtung von Psalmen.

In dieser langen Tradition stehen auch die Psalmen von Irmgard Powierski. Wer den biblischen Psalter kennt, wird immer wieder Anklänge an seinen Wortlaut finden. Trotzdem ist etwas Neues entstanden. Gebete nach Auschwitz, nach all den Verbrechen, die das Volk der Juden, dem wir den Psalter verdanken, im 20. Jahrhundert erleiden musste. Können wir nach Auschwitz noch zu Gott beten? Wir können es, weil auch in Auschwitz zu Gott gebetet wurde. So ist oft von Todesangst und bitterster Anfechtung die Rede und immer vom unbeschreiblichen Leid der Juden. Irmgard Powierski gibt diesem Leid eine Stimme. Ihre Psalmen sind eine Einladung, mitzubeten und selbst zu beten: das eigene Leben vor Gott zu bringen.

Dr. Hans Christian Knuth, Bischof zu Schleswig,
im Februar 2007

„Wider das Vergessen“ hat Gottfried Reichel Holzfiguren geschnitzt, die an das Warschauer Ghetto und den Holocaust erinnern. Zum Werk des Erzgebirge-Künstlers gehören ebenso biblische Gestalten, wie Mose, Mirjam, Abraham, Elia.

Die Galerie „Die Hütte“ in Pobershau präsentiert eine Dauerausstellung mit über 300 Figuren aus dem Lebenswerk. (www.pobershau.de)

Inhalt

Gott, wo bist du

Gott, was um mich her –
mit mir – geschieht,
ich sehe keinen Sinn darin.
Warum muss ich gerade hier
an diesem Platz im Leben sein?
Gedanken bewegen sich im Nebel.
Meine Blicke tasten.
Ich seh nicht bis zu dir.

Mein Herz!
Mit Bitternis ist es gefüllt.
Worte, meine Gebete,
so ist es mir,
prallen ab an deinem Thron –
fallen ins Leere.
Mein Hoffen ist verloren!
Ich gehe verloren!
Gott, wie hältst du das aus?
Meine Wirklichkeit
deckst du mit Schweigen zu.

In meiner Seele
ist tiefes Erschrecken.
Sie schreit – kämpft – lauscht –
dem Morgen entgegen.
Wo bist du?

2 Nimm meine Angst

Gott! Was war –
was sein wird –
dazwischen stehe ich.
Mit wie viel Tagen – Stunden,
das weißt du.

Du siehst meine Not,
vernimmst mein Schweigen!

Und ist die dunkle Stunde
für mich da,
sei du mir gegenwärtig.
Und finde mich mit deinem Frieden.
Nimm alle Angst.

Mein Gott! Mein Gott!
Erbarme dich!
Umfange mein Beben.
Halte mich fest.
Halte fest mein Bereitsein.

3 Beflügeltes Hoffen

Komm, Engel, komm!
Geh nicht vorbei
an diesem Ort.
Sprich in die Ohnmacht;
sprich in mein Zittern:
Fürchte dich nicht!

Komm, Engel, komm,
beflügle mein Hoffen:
Stehst du vor mir,
werde ich wissen:
Ich muss nicht mehr her sein
hinter der Hoffnung;
ich muss nicht mehr fliehen
vor jedem Befürchten.
Denn jetzt ist zu Ende die Qual.

Der Gott Abrahams, Isaaks, Jabobs
wird mich begleiten
auf dem Weg nach Haus.
Und ich werde sicher gehn.
Frieden wird mich umhüllen.
Nacht und Schrecken
werden nicht mehr sein.
Meine irrenden Gedanken
gehen unter im Leuchten
himmlischer Güte.

4 Abendgebet

„Gott, gib,
dass wir uns hinlegen zum Frieden
und lass uns
wieder aufstehen zum Leben.
Breite über uns das Zelt deines Friedens.
Und richte uns.
Und wende von uns Hass,
Krankheit und Gewalt.
Lass jedes Hindernis weichen
vor uns und hinter uns.
Birg uns im Schatten deiner Flügel,
denn du bist ein gnädiger
und barmherziger Gott.
Behüte unser Kommen und Gehen
zum Frieden und zum Leben
von nun an bis in Ewigkeit."

Mein Gott!
Ich bete und sinne zugleich
über dieses Abendgebet,
das ich zu Hause gelernt:
Zum Frieden kommen –
aufstehen zum Leben – gehen ...
welche Schritte kann ich noch tun?
Welche Bewegung?
Kann ich bestehn?
Und der Morgen! Ein Neuanfang?
Wohin – wozu?
Mein Gott!
Lass mich bereit sein.

5 Vielleicht

Du bist eine Nummer,
sagt der Bewacher
und sieht an mir vorbei.
Für ihn bin ich ein Nichts.

Gott!
Du aber weißt meinen Namen,
siehst mich an;
siehst, was das Ghetto
aus mir gemacht.
Ich flehe zu dir – und zweifle.
Ich fühle mich nicht mehr.
Texte, die ich wiederhole,
helfen weiter zu leben –
überleben?
Ich ahne doch das Ende –
und sehe zu wie gebannt.

Gott! Und du?
Hast du noch was zu sagen?

Vielleicht zeigt sich für mich
doch noch einmal der Frühling –
ein Sommer?
Und der Himmel rückt näher,
lässt die Gegenwart leben.
Vielleicht wird mein Gesicht
die Zukunft berühren.

Vielleicht?

6 Ich möchte überleben

Welch ein Schmerz!
Leben möchte ich!
Und andere haben es beschlossen,
mich zu töten.

Gott, wo bleibt dein Wille?
Wächter Israels!
Bist du nicht mehr am Werk?
Soll hier mein Leben enden?
An diesem Ort?
Angst zwingt den Blick
auf Gefahren zu achten,
nach den Besatzern zu spähen.
Ich möchte mich verstecken.
Aber wo?
Es gibt kein Entrinnen!

Mein Herz klopft jetzt
an deine Möglichkeit:
Du lässt deine Gnade in mir kämpfen.
Füllst den Mangel – füllst mein Wollen
mit deinem Erbarmen.
Mache mich los –
mache mich frei von Zwang.

Ich möchte überleben.
Ich möchte zu Hause sein.
Wo sind meine Kinder?
Wer schützt sie?
Lebt mein Mann? Lebt der Bruder?
Diese Fragen quälen die Seele wund.
Sie kann nicht schweigen.
Wie nie zuvor sucht sie Antwort.
Und sie verlangt nach Trost.

Ich friere.

O Gott, du Geber der Gnade,
gib uns nicht auf!
Mein sehnendes Hoffen streckt sich
in Wehmut dir entgegen:
Führe uns wieder alle zusammen.

Ja! „Bringe uns, Herr, zu dir zurück,
dass wir wieder heimkehren.
Erneuere unsere Tage,
dass sie werden wie früher."

7 Ich habe keine Tränen

Heute Morgen wurden drei Frauen
aus meiner Gruppe herausgeholt.
Sie kamen nicht wieder.
Ihr Schreien,
an das sie sich geklammert,
blieb uns zurück.

Unser Leben ist gezeichnet
von Abschied, von Trauer.
Das Herz weiß nicht, wohin zu schlagen.
Und es ist dunkel.
Lebe ich noch?
Mir ist, die Zeit hält ihren Atem an
und wartet.
Ich stehe still und warte.
Worauf?
Meine Tränen sind ausgeweint.
Die Welt hat uns vergessen!

Die ganze Welt?

Gott!
Kann ich ohne Tränen
noch hoffen?
Den Schritt in den Glauben
machst du mit mir:
Du kommst zu uns
mit deinem Erbarmen.

8 Wir warten

Das Leben tut uns weh.
Schreie sind leise geworden.
In die Zukunft zu denken
wagen wir nicht.

Gott! Hier wirst du gebraucht!
Komm! Hier ist der Ort!
Sprich in unser kraftloses Sehnen.
Du weißt, wir warten.
Wir warten auf deinen Zuruf:
Ich höre euer Flehen –
sehe hinein in den Abgrund der Angst.
Ich überlasse euch nicht
den ewig kreisenden Gedanken
nach dem Sinn von Leiden.

Ich, der Herr, stoße auf das Tor zum Leben.
Und die Wächter werden fliehn.
Ihr aber werdet zum Himmel sehn –
lachen – weinen und danken:
Unseren Glauben haben die Feinde
nicht klein gekriegt.
Wir haben wieder Mut zur Freude.

Du, unser Erbarmer, hast uns
mit starker Hand befreit
aus dem Grauen der Hölle.
Wir preisen deine ewige Gnade.

9 Wohin sollen wir fliehn

Immer und immer wieder
auf der Suche nach Halt!
Und mein Denken bleibt stehn
am elektrischen Stacheldraht:
Nichts scheint uns sicher –
nur der Tod.

Gott! Siehst du es nicht?
In Gaskammern
werden wir gedrängt.
Wohin sollen wir fliehen,
wenn nicht zu dir
unserem Verbündeten?
Ich frage dich:
Hast du das Leid, die Folter
gezeichnet in Israels Geschichte?
Ist das wirklich dein Plan
von Anfang an?
Sieh doch in dieses Lager!
Wie das Lachen stirbt –
und wie das Klagen!

Es geht nicht mehr um Leid
und das Fragen danach.
Es geht darum,
dir, tatenreicher Gott, zu sagen:
Du greifst jetzt ein!

Komm! Komm, steh du uns bei.
Mache ein Ende unserer Pein.
Sie bohrt in deine Treue.
Von alters her,
so steht es geschrieben,
bist du durch Abraham
mit deinem Volk im Bunde.
Du selbst hast deinen Segen
ihm gegeben – somit auch allen,
die noch kommen.
Unser Gott!
In diesem Segen sehe ich
Ermunterung durch dich:

Deine Treue wird uns retten.
Wir werden Zeugen sein
für deine Gnade.

10 Noch habe ich Träume

Meine Tage sind wie Schritte.
Gott, hast du dich festgelegt,
wann – wo sie enden?

Du weißt:
Noch habe ich Träume.
Du könntest sie schützen
bis hin zur Erfüllung.
Ja! Ich erwarte Großes –
ich erwarte alles von dir.

Ich weiß:
Du lässt mich nicht aus den Augen;
siehst in meine Traurigkeit.
Und kümmerst dich um mich.
Du kümmerst dich
um die erschöpfte Seele.
Sie kann sich nicht aus dieser Zeit
im Ghetto stehlen.
Ja, du lässt mich nicht zerbrechen
durch Willkür der Verbrecher.

Ich bitte:
Bewege ihr Herz
zu menschlichem Handeln.
Lösche aus ihren Hass.
Führe sie weg von Grausamkeit.
Ich hoffe – hoffe, du bist um mich,
du bist um meine Träume.
Deine Verheißung gibt mir die Hoffnung,
dass ich glaube:
Mich trägt die Kraft
deines ganzen Wortes.
Ich kann dem Tag geben, was ihm gehört.

Worauf mein Glaube wartet,
wird so geschehen,
wie es in der Heiligen Schrift
geschrieben steht:
„Wenn der Herr das Geschick Zions wenden wird,
werden wir sein wie die Träumenden.
Dann wird unser Mund voll Lachens
und unsere Zunge voll Rühmens sein."

Ich weiß, dass mein Erlöser lebt

Verletzung um Verletzung
dringt in mich – nagt.
Und es hört nicht auf.

Eingeengt ist meine Seele.
Herr! Es ist genug!
Grausamkeit, die sich hier zeigt,
will mich erschlagen.
Schmerz, Schmach rütteln am Glauben.
Wohin ich auch schaue:
Qual, Verzagen, Einsamkeit.
Ich kann nicht mehr!
Du aber kannst.

Starker Gott!
Trage – halte meinen Glauben
von Stunde zu Stunde,
von Tag zu Tag.
Halte mein Vertrauen
in tiefster Nacht.

Zeit, die du für mich bereitet,
wird mehr und mehr
mir genommen.
Über Leben und Tod wird verfügt
auf qualvolle Weise.
Dagegen kann ich mich nicht wehren.
Nichts kann ich tun! Ich muss es ertragen.

Mir ist, die Zeit steht still.
Mein Herz schlägt leise:
Dir, Gott, ist nichts verborgen –
auch nicht was mir begegnen will.

In Hiobs Bedrängnis
hast du gesprochen:
„Ich, Gott, bin, ehe denn ein Tag war!"
Und Hiobs Bekenntnis
drang in die Welt:
„Ich weiß, dass mein Erlöser lebt."
Ihm schließe ich mich an und glaube:
Mein Erlöser!
Du warst vor mir in diesem Ghetto.
Du bist jetzt hier – und bleibst!

12 Wie lange noch

Gott, so viel ich auch aufbegehre,
so oft ich auch klage in der Not,
du lässt geschehn.
Und lässt mich Lasten tragen,
die ich nicht tragen kann.

Mein qualvolles Leben
halte ich dir hin und frage:
Wie lange noch
bleibst du versteckt im Schweigen?
Ich schreie zu dir hinauf –
rufe dich herab:
Komm doch zu mir.
Mein Leid ist ein Abgrund,
den ich nicht überwinden kann.
Du aber schickst keine Antwort herab.
Hast du mich vergessen?
Müde bin ich geworden,
in deine Verborgenheit hineinzuspähen.
Zu lange warte ich
auf einen Wink zum Hoffen,
einem Hoffen über das hinaus,

was sich uns zeigt –
und das zum Glauben mich führt:
Du greifst gewaltig ein,
löst meinen Schmerz,
weckst das erstarrte Leben.
Weckst es zu neuen Fragen.

Gott!
Bevor der Prophet Elia
zum Horeb geflohen war,
hattest du verheißen:
„Wie deine Tage, so deine Kraft."
Und jetzt?
Teilhaben lässt du mich nicht
an dieser Kraft.
Du nimmst mich nicht hinein
in deine Verheißung.
Mich aber hungert und dürstet
nach deiner Gerechtigkeit.
Meine Verlorenheit fleht um Antwort:
Muss ich den schweren Weg
alleine gehn?

13 Meine Liebe blieb zurück

In unserm Garten blühen jetzt Narzissen.
Und blühend grüßt der Mandelbaum durchs Fenster.
Liebende gehen Wege zwischen Wiesen,
umarmen sich – atmen Freude – atmen Leben.
Ich kann es nicht.

Meine Freude steht still. Ich bin ein Jude.
Meine Liebe blieb zurück. Wir sind getrennt.
Wird je ein Frühling, seine Farben, der Duft
uns beide umhüllen – unser Glück verzaubern?

Gott der Juden!
Fragen drängen sich mir auf;
sie dringen bis ins Mark:
Entspringt die Trennung deinem Ratschluss?
Lebst du dein Recht des Zorns
im Ghetto aus?
Ist es dein Wollen, uns allein zu lassen
mit Nichtverstehn?
Bist du derselbe Gott,
der Leben uns gegeben,
uns jetzt mit Leiden überhäuft?
Bisher hab ich geglaubt,
dir ist das Leben heilig.
Und deine Liebe?
An diesem Ort der Vernichtung
kann ich sie nicht erkennen.
In abgrundtiefe Angst versetzt sie mich.

Gott! Gott! Hab doch Erbarmen.
Kehre meine Gedanken wieder um.
Nimm mir die Angst aus der Seele.
Zerreiße den Stacheldraht.

14 Mein Sehnen bohrt

Gott! Wie hart bin ich geprüft!
Hier herrscht Gewalt.
Von drohender Gefahr bin ich umgeben.
Mehr und mehr seh ich mich eingekreist.
Der Raum wird enger – enger.
Und ich sehe keinen Ausweg.
Einsamkeit, Verzweiflung
mischen sich mit Trotz.
Unrecht erniedrigt die Seele.

Mein Gott! Du weißt es doch:
Ist erst das Herz verwundet,
kommt Leben aus dem Gleichgewicht.
Ich bin versucht die Peiniger zu hassen.
Allmächtiger! Dich bitte ich:
lehre mich vergeben.
Nimm auf mein Flehen in dein Wollen:
Umfange mein Leben.

Umfange unser aller Leben
im Konzentrationslager.
Umfange spürbar die Verantwortlichen,
die uns das Recht genommen und die Freiheit.
Sprich sie doch an, bewege sie zum Guten hin.

Gott! Erretter! Du weißt,
mein Sehnen bohrt in jeden Tag:
Wann kehre ich zu meiner Frau, zu unseren Kindern heim?
Sind sie gesund – am Leben?
Meine letzte Kraft fließt ins Erwarten:
Du müsstest den Abgrund doch übersehen können.
Und nimmst mir mein Entsetzen; die würgende Bedrückung.
Ich stehe auf, verlasse das Ghetto,
und taste mich heran
an wahres Leben.

15 Das Ungewisse nagt

Gott!
Das Ungewisse nagt an mir.
Mich quält jeder Tag.

Wie Josef einst im Brunnen,
so fühle ich mich jetzt.
Sein Schreien!
Die Brüder hörten es nicht.
Sie aßen – tranken –
verschlangen die Schuld.
Du aber warst mit Josef;
auch in der Fremde.
Du warst in seiner Tiefe.
Und gabst ihm Sicherheit.
Sein Herz ist nicht verhärtet.

Lass mich daraus lernen:
Meine Zeit ist nicht
von deiner abgeschnitten.
Du reißt auch mich heraus
aus der Tiefe.
Und holst mich herauf ans Licht.

Erlöser!
Mein Hoffen klammert sich an dich:
Scheint deine Hand auch unsichtbar,
sie fügt und ordnet alles richtig.
Du liebst! Du gibst!
Du leidest mit mir!
Das ist dein Geist.

Wie einst Josef,
so läuterst du auch mich.
Aber du gibst mich nicht preis.
Denn du willst mein Heil.
Mein Denken lenkst du auf dich.
Und lässt mich deine belebende Gnade
für die Gegenwart erflehn:
Du gibst mir Kraft, bietest mir Halt.
Du redest mit mir, gibst mir Glauben.
Meine Ohnmacht
wandelst du in Zuversicht.

16 Der Himmel ist verhangen

Gestern in der Frühe –
Männer wurden weggeführt.
Ihre schleppenden Schritte,
das gebeugte Schweigen
zerreißt meine Seele.
Das Herz weiß nicht, wohin.
Der Himmel ist verhangen
von Klagen, Bitten, Fragen,
ja, auch von wilder Wut.

Gott! Angst tobt in mir.
Mehr und mehr greift sie nach mir.
Ich kann mich nicht mehr wehren.
Zu mächtig ist der Zugriff
nach meinem Leben;
auch bei Nacht.
Schwere Gedanken, dunkle Bilder
lassen mich nicht ruhn.
Der Schlaf will nicht kommen.
Und ist er endlich da,
furchtbare Träume schrecken mich
bald wieder auf.

Meine Zeit läuft ab.
Heute? Morgen?
Warum in diesem Grauen?
Wie bin ich verstört!
Ich rede mit mir selbst.
O Gott! Komm! Zeige dich mir.
Ich möchte dich erleben.
Ich möchte sehen, wie du wirkst.

Komm! Sieh es dir endlich an,
was hier geschieht!
Und zeige einen Grund zum Hoffen.
Schiebe mir doch Vertrauen zu
durch aller Nächte Dunkelheit:
Du trittst für mich ein;
nimmst meine Not in deine Hand.
Wonach ich mich sehne
wird Wirklichkeit.
Erbarmer!
Ach! Könnte Qual sich doch wandeln
in deutliches Erkennen:
Du hast dein Angesicht mir zugewandt.
Ich habe einen Weg vor mir,
der Zukunft hat.

17 Gott, du bist groß

Ich frage – weine – frage –
kann es nicht fassen.
Meine Zeit ist verhangen,
der Himmel auch.
Schauer überfluten mich.
Der Sinn meines Lebens,
sein Wert ist dahin.
Mein Leben vollzieht sich
in tödlichen Grenzen.

Fragen kreisen in mir,
kreisen um mein Leben.
Wann sehe ich Antwort?
Die vielen Warum –
wann – wo – gehen sie unter?

Gott, aus der Ohnmacht
hole du mich heraus.
Ich strecke mich zu dir.
Halt mein Vertrauen nicht auf:
Du lässt dich erreichen,
lässt mich den Himmel sehn.
Du bist groß, dein Arm reicht weit.
Bevor es zu spät, bringst du mich weg
vom Ort des Todes.
Die Familie wartet.

Gott des Lichts!
Bleibe im Fragen – bleibe,
bis ich erkenne: Du bist da!
Du hast die Führung übernommen
in dieser gegebenen Zeit.
Ja! Du leitest uns Wege
durch alles Bekümmern.

Unser Sehnen wird zueinander finden.
In mir ist Zuversicht:
Den Tag dafür hast du bereits
in deinen Plan gezeichnet.
Verzehrendes Warten wirst du segnen.
Und wir werden dich preisen
in der Umarmung.
Wir werden dich preisen
in Lobgesängen.
Wir werden andere sein.

18 An deine Treue denke ich

Recht schaffender Gott!
An deine Treue denke ich,
an dein Behüten
in vergangener Zeit.
Du gabst mir Sicherheit
in deinem Wort.
Du gabst mir Vertrauen.
Die Thora ist mir Licht.
Wie bist du so mächtig!
Auch weiterhin
wirst du mich schützen.

Du hast Israel befreit
aus knechtischem Leben
in Ägypten.
Deine starke Hand
hat zerschlagen Pharaos Heer.
Mit starker Hand, langem Arm
hast du das Schilfmeer zerteilt
und hast dein Volk hindurch geführt.
Es konnte wieder singen
und dich loben
mit neuen Liedern.

O Heiliger!
Du selbst hast es besorgt,
Israel aus Schmach zu erlösen.
Mein Sehnen verlangt danach:

Mit meinem Volk
nimmst du auch mich heraus
aus schrecklicher Bedrohung.
Ich muss dich nicht belehren,
wie rechtlos ich bin.
Du siehst Unterdrückung.
Und du siehst
meine Hände gebunden.

Mein Gott!
Lass mich doch morgen wissend erwachen:
Mit dieser Nacht nahm ein Ende
Erschrecken, Trauer, alles Klagen.
Und ich stehe auf – schaue zum Horizont –
sehe das Morgenrot – sehe weiter, weiter – .
Singe dir zur Ehre!
Singe dir, dem Gott Israels.
Bete und danke –
und fülle die Welt mit Jubel!

19 Meine Pläne sind durchkreuzt

So manches Mal klopft es in mir:
Gott! Gott! Das darf nicht sein,
was im Ghetto mit uns geschieht.
So grausam können Menschen doch nicht sein!

Und das Echo klopft zurück:
Hier stößt der Mensch den Menschen
ins grausamste Entsetzen.
Hier fügt der Mensch dem Menschen
Unheilvolles zu.

Ich aber bin gezwungen auszuhalten.
Und klage stumm in mich hinein.
Wagte ich zu schreien, so führte man mich ab.
Aber wohin? In den Tod?

Sternstunden gibt es nicht mehr.
Nicht für mich!
Nicht eine, aus der ich leben könnte.
Ich weiß nicht mehr, was Lachen ist,
wie Freude sich anfühlt.
Alles Vertraute ist mir genommen.
Die Sprache der Hoffnung hab ich verlernt.
Leid fesselt den Blick –
verdunkelt den Glauben.

O Gott! Die Tage gehen dahin
ohne einen Schimmer von Glanz.
Meine Pläne sind durchkreuzt.
Wie soll es weiter gehn?
Worauf warte ich noch?
In das Ungewisse fällt Erkennen:
Ich bin aus dem Leben gestoßen.
Und mein Weg ist umstellt von Feinden.
Ich werde verachtet – und so viele mit mir.

Wut ist in mir auf die Bewacher.
Ich könnte sie verdammen.
Das Schwinden meiner Gesundheit
berührt sie nicht.
Sie kennen nicht Scham; kennen nicht Reue.
Nichts erreicht ihr Gewissen.
Und mein Grübeln darüber ist sinnlos.
O Gott!
Du siehst, ich habe es schwer.

Ach! Mitunter ist mein Hoffen –
wie ein Gebet der Wunsch:
Du hilfst heraus aus Bitterkeit.
Du hilfst mir, den Peinigern zu vergeben.
Und wenn es sein muss,
versorgst du mich mit Kraft,
damit mein Ja zu deinem Willen findet.

20 Fürchte dich nicht

Gott! Worte des Propheten Jesaja
sind mir ins Gedächtnis gelegt.
Diese sprach er zu seinen Landsleuten,
die im fremden Land gefangen waren:

„Und nun spricht der Herr: Du bist mein.
Fürchte dich nicht, denn ich habe dich erlöst;
ich habe dich bei deinem Namen gerufen.
Wenn du durchs Wasser gehst,
will ich bei dir sein,
dass dich die Ströme nicht ersäufen sollen;
und wenn du ins Feuer gehst,
sollst du nicht brennen,
und die Flamme soll dich nicht versengen.
Denn ich bin der Herr, dein Gott,
der Heilige Israels, dein Heiland.
Weil du in meinen Augen so wert geachtet
und auch herrlich bist
und weil ich dich lieb habe.
So fürchte dich nun nicht.
Denn ich bin bei dir."

Treuer Gott! Mein Gott! Ich glaube:
Du bist der Heilige Israels.
Du hältst dich an dein Wort.
Dein Zuspruch: Fürchte dich nicht –
lenkt meinen Glauben ins Vertrauen:
Das Leid ist nicht das Letzte,
was du zu sagen hast.
Du selbst wirst kommen und mich erlösen.

21 Im Leid pocht mein Sehnen

Im Leid sind Fragen.
Im Leid pocht mein Sehnen, mein Bitten:
Gott! Führe mich zur Antwort.
Mein Herz ist bereit – meine Seele glaubt:
Vergessen ist mein Leben nicht.

Wahrhaftiger! Dein Versprechen hast du
durch den Propheten Hesekiel gegeben:
„Und sie sollen erfahren,
dass ich, der Herr, ihr Gott, bei ihnen bin.
Und dass sie vom Hause Israel mein Volk sind."
Herr! Zu deinem Volk gehöre auch ich!
Ich halte fest an deinem Wort.
Du hast im Hause Israel gewohnt.
Du selbst hast es geführt durch alle Not.

Auch wenn es jetzt so scheint:
Geraubt wird mir die Zeit –
so weiß ich doch: Gott, du bist dabei.
Ich spüre dein Kommen in alle Nacht.
Und wenn du gehst, dann bleibt zurück:
das Wissen um dein Wiederkommen.

Gott! Mein Gott! Ich will es glauben:
Dein Plan für mich ist gezeichnet
mit dem Stift deiner Liebe.
Ihm will ich folgen im Vertrauen,
wie einst meine Väter es taten:
Abraham, Isaak, Jakob –
nicht zu vergessen: ihre Frauen.

22 Meine Seele ist unruhig

Gott! Du hast den Menschen einst
das Angebot gemacht:
Ihre Priester sollen Segenswünsche
zu dem Volk sprechen,
dann wirst du selbst die Menschen segnen.
Mein Gott!
Diese Segenswünsche sind mir vertraut:
„Der Herr segne dich und behüte dich;
der Herr lasse sein Angesicht leuchten
über dir und sei dir gnädig;
der Herr hebe sein Angesicht über dich
und gebe dir Frieden."

Frieden? Mir?
Wie soll ich ihn bekommen?
Meine Seele ist unruhig.
Vor dir, Gott, muss ich sie nicht verstecken.
Ich darf mit dir darüber sprechen.
Ungewissheit, in der ich mich bewege,
lässt mich an Jakob, Isaaks Sohn
jetzt denken und fragen:
Kannst du auch mich
aus Bedrängnis heben wie ihn?

Er sah im Traum eine Leiter
auf der Erde stehn.
Ihre Spitze rührte an den Himmel.
Engel stiegen herab und hinauf.
Und er hörte eine Stimme:

„Ich bin bei dir und will dich behüten,
wo du hinziehst, und will dich wieder
herbringen in dies Land.
Denn ich will dich nicht verlassen,
bis ich alles tue, was ich
dir zugesagt habe."

O Gnädiger! Welch ein Traum!
Den Blick zu dir erheben!
Den Himmel offen sehn!
Deine Gegenwart spüren.
Hören: Ich werde dich behüten.
Mit dieser Zusage aufstehen,
sich nicht mehr fürchten.
Ohne Angst leben. Welch eine Gnade!
Lass sie auch mich erfahren.
Du stehst über mir.

Ich sehe dich gnädig:
Du kommst mir nah – ganz nah.
Das Ungewisse nimmst du von mir;
und lässt zurück deine Hilfe.
Wunderbar, voller Kraft wäre diese Bewegung.
Was mein Leben ausmacht, ist in ihr aufgehoben.
Wie hoffnungsvoll ist dieser Weg!:
Geben – Nehmen – Geben!
Treuer Gott! Ich kann es glauben:
Wo du bist, ist auch dein tiefer Segen.
So wird mein Leben wieder ganz.

23 Leben möchte ich

Das Lager ist mir ein Labyrinth.
Soviel ich auch suche,
ein Ausgang ist nicht zu entdecken.
Soll das mein Schicksal sein?
Unerbittlich und bestimmt?
Nein! Nein!
Die Lage aussichtslos?
Mein Leben ein Schrei?
Das darf nicht sein!
Ich bin doch noch so jung.
Leben möchte ich! Frei sein!
Frei sein von Angst!

Mein Gott! Ich will nicht sterben!
Ich liebe mein Leben; ich liebe dich!
Und du?
Ich bitte, gib mich nicht preis!
Löse mein Hoffen nicht auf:
Du öffnest die Tür für mein Verlangen.
Ja ! Du rettest mich.

An dein Wort knüpfe ich an,
das du über unsere Erde gesprochen:
„Wenn es kommt,
dass ich Wetterwolken,
über die Erde führe,
soll man meinen Bogen
in den Wolken sehen."

Gott meiner Väter!
Diesen leuchtenden Bogen,
lass ihn neu aufglühen
in allen seinen Farben.
Ich blicke auf zum Himmel,
halte Ausschau nach dem Zeichen
deines Erbarmens.

Großer Gott! Bist du bereit
an mein brennendes Hoffen anzuknüpfen?
Bist du bereit, Gnade auf mich zu legen?
Ich warte – erwarte alles von dir.

24 Es tut weh

Gott!
Abgeschnitten bin ich – wir alle hier –
vom Strom des Lebens.
Seine Weite – seine Fülle –
sind uns nun verwehrt.
Es tut weh, wenn man uns sagt:
Minderwertig seid ihr Juden.
Diese Pein dringt bis ins Mark.
Wir liegen am Boden
und das Quälen hört nicht auf.

O Gott!
Zu Josua hast du gesprochen:
„Ich lasse dich nicht fallen
und verlasse dich nicht."
Warum sagst du es nicht auch zu mir?
Du siehst es doch:
Hoffende Kraft in der Seele
nimmt ab.

Ach! Wenn Angst doch weichen könnte!
Wenn wir doch wohnen könnten
im steten stillen Vertrauen:
Du, unser Herr und Gott,
bist an diesem dunklen Ort.
Und bindest unser Hoffen an dich:
Du holst uns heraus aus Finsternis.
Und stellst uns ins Licht.

Die Wahrheit der Thora bleibt uns heilig.
Denn du hast uns bewahrt
bis zu dieser Stunde.
Du wirst es auch weiterhin tun.
Dein Gesetz setzt du ein für das Leben.
Dein Wille wird machtvolle Tat.
In die Besatzer, die unser Leben verachten,
dringt dein Anspruch.
Und sie ändern ihr Denken.
Grausame Pläne lassen sie fallen.
Und fliehen vor unseren Augen.
In dieser Wirklichkeit
werden wir dich erkennen.

Ewiger! Auf diese Wende warten wir.
Dieser Wende leben wir entgegen,
Stunde um Stunde, Tag und Nacht.

25 In mir ist Todesangst

Ich weiß, was gestern war, was heute ist.
Was noch werden könnte, weiß ich nicht.
Und das macht mich verrückt.
Wo soll ich hin mit meinem Zorn?
Wohin mit der Empörung?
Vor meinen Grenzen lauert jeden Tag
die Macht Verzweiflung.
Vor diesem Zugriff fürchte ich mich sehr.

Mein Gott! Wie beugst du mich!
Kein Licht fällt bis zu mir nach unten.
Angst ist in mir – Angst ums Leben.
O Gott! In mir ist Todesangst!
Ohne dich wird mich die Härte dieses Lagers,
das siehst du doch, vernichten.
Verlassener als mich
kann es wohl keinen andern geben.
Schütze mich vor den Feinden.
Entreiße du mich ihrem Geist.
In ihrem Handeln liegt Verachtung
gegen mich und alle Juden.
Wir sind die Verachtetsten!
Gleichgültigkeit kommt uns entgegen.
Die Last dunkler Erfahrung
erstickt alles Hoffen.
Die Seele krümmt sich vor Entsetzen.
Mein Gott! Es schmerzt.
Es kann doch nicht der Sinn des Lebens sein,
das Leben stets nur auszuhalten.

Ich flehe zu dir:
Lass mich nicht stehen in Verzweiflung.
Lenke den Blick auf deine Möglichkeit.
Denn ich möchte mich nicht
im Klagen, Hadern dir nur nähern.
So lege ich in deine Hand
mein letztes Hoffen:
Du sorgst dafür, dass mich das Böse
nicht in Wahnsinn treibt.
Du rufst mein Hoffen hin zum Glauben:
Es kommt der Tag für mich – für alle.
Du kommst zu uns Geschundenen
und zeigst die Weite deiner Gnade.

26 Und wäre der Glaube nicht in mir

Schau ich zurück ins Leben,
Gott, ist mir dein Wirken nah.
Du lässt mich bei dir sein
und lässt mich ganz bei mir.
Wie hab ich oft gestaunt!
Wie war ich ganz erfüllt von Freude,
kamst du so manches Mal
von der ganz andern Seite
und fügtest alles wunderbar.

Wenn ich auch tief erschrecke,
vor dem, was mir geschieht,
doch glaube ich:
Du nimmst mein Leben in die Hand.

Mein Gott!
Und wäre der Glaube nicht in mir,
ich könnte so nicht leben.
Als man mich holte, hieß es:
Nur für kurze Zeit.
Seitdem sind Jahre vergangen.
Ich aber kann diesen Betrug –
mitten in der Nacht – in die Nacht –
nicht vergessen.
Angst kriecht immer wieder
in mein Herz
und will mich unterwerfen.

Ja! Ich wurde schändlich betrogen!
Gott! Du aber bist anders.
Um deines Namens willen
verteidigst du mein Recht.
Du verteidigst das Leben.
An deiner Treue halte ich fest,
auch hinter Stacheldraht,
wie Noah hinter verschlossener Tür:
Ich werde bewahrt vor dem Untergang.
Die Arche schwankt in den Fluten
nicht ziellos hin und her.
Gott hebt mich hoch aus dem Chaos.
Jetzt gibt es für mich nichts mehr zu tun,
als zu vertrauen und auszuharren,
bis alles vorüber ist.

Mächtiger Gott!
So wie du Noahs Rettung plantest,
so planst du meine auch.
Dir überlasse ich alles und warte wie er.
Und nach dem Toben im Ghetto
sehe ich auf zum Himmel – danke:
Gott meiner Väter!
Über alles Bedrohen hast du mich getragen,
bis sich das Lagertor für mich geöffnet.
Ich sehe neu den Regenbogen – weiß:
Deine Treue wird nie eingesperrt.
Ich sehe sie in allen Farben.

27 Zweifel finden schnell Argumente

Gott! Bist du es selbst,
der mich gerissen aus dem Schlaf?
Bist du es wirklich, der unvermutet
mich gestoßen in das Ghetto?
Bist du so einer,
der mich erziehen will durch Leid?
O Gott! Was tust du?
Hast du mich gar verstoßen –
dein ganzes Volk – für alle Zeit?
Nein! Das kann nicht sein! Nein!
Das ist nicht deine Wahrheit,
die aufdeckt und nach Hause bringt.

O Gott! Ich spüre:
Zweifel finden schnelle Nahrung.
Ich aber will nicht zweifeln.
Ich bitte – rufe zu dir:
Mein Wollen brich nicht ab.
Denn an das, was du verheißen,
möchte ich mich halten:
Ewig bleibt Israel dein Eigentum.
Um Zions willen wirst du niemals schweigen.

Herr! Ich denke an deine Güte.
Und halte mir vor Augen:
Sie ist es doch, dass,
wenn die Kraft der Hände,
der Seele, des Geistes nachlässt,
wir nicht am Ende sind.
Die Schrift sagt es mir:
Das Geheimnis deiner Gnade
steht über dem Leben.
Darum rechne ich damit:
Dieses Geheimnis ist auch mit mir unterwegs.
Und du zeigst es mir an jedem Morgen neu.

Du siehst in meine Seele;
siehst dich im Ghetto um,
siehst das Grauen – hilfst.
Du bist doch unser Gott.
Mein Gott, mein Gott bist du.

Dir atme ich entgegen: Erbarme dich!
Wir alle brauchen die Gewissheit:
Deine Güte ist an jedem Morgen neu.
Und auch im kargen Brot.

28 Mein zuckendes Hoffen

Gott!
Oft hab ich mich an dich gewandt.
Habe gerufen, gebeten, geschrien,
verzweifelt die Fäuste geballt:
Ratlos lebe ich im Ghetto.
Gedanken irren hin und her.
Fragen durchforschen mein Leben.
Am Ende bleiben sie hängen an der Not:
Was – wer kann mich schützen?
Wer meine Fesseln lösen?
Wer führt mich weg vom Hadern?

Und ich hörte mich sagen:
Gott, du kannst es!
Eile doch! Ich bin in Gefahr!
Ich brauche Halt,
der nicht zusammenbricht.
Mein zuckendes Hoffen
will mich nicht länger tragen.
Unvermögen lässt mich fliehen vor mir selbst.
Gott! Es flüchtet zu dir.
Gib mir ein Zeichen,
das zu einem Hoffen führt,
an das ich mich klammern kann;
zu einem Hoffen, das mir bleibt.
Nun fand ein Engel in meine Not.
Er hat mich berührt und mir Hoffen gezeigt.

Mein Gott!
Du hast den Engel gesandt.
Weil du mich kennst,
weißt du auch, was ich brauche.
Ich darf erkennen: Mir hilft es nicht,
mich in Gedanken zu verlieren;
und Sorgen kreisen zu lassen um mich.
Denn du, mein Herr und Gott,
hast ein Hoffen mir bereitet,
gleich einem Boden, der mich trägt.
Schöpfer, der du Himmel und Erde gemacht,
dich, der mich kennt, bitte ich:
Hilf mir, dass ich mich nicht
um diese Kraft aus Hoffen bringe.
Berühre mein Denken
mit deiner Gnade.

29 Meine Zeit ist ausgegangen

Der Himmel scheint mir zugemauert.
Mein Klagen kommt nicht an.
Hat Gottes Schweigen einen Grund?
Er müsste es doch sehen – hören,
wie grausam die Besatzer sind.
Wie sie sich brüsten mit schändlicher Bosheit.
Mal sind sie abscheulich,
mal lächeln sie verzerrt mich an.
Sie greifen nach dem Leben –
auch bei Nacht.
Wüste Träume nehmen Kraft.
Und wirken mit, das Glauben zu zerstören.

Ausgeliefert bin ich der Versuchung,
laut zu schreien:
Nichts als Verderben sehe ich um mich.
Der selbstgerechte Hochmut bringt mich um.
Wer bin ich noch? Und wer ist Gott?
Ich stehe am Abgrund. Er sieht die Gefahr.
Und hält mich nicht zurück vom Sturz.
Was denkt er sich dabei?

Ach! Bösen Mächten bin ich preisgegeben.
Ich will schon nicht mehr wissen,
was morgen sein wird – wo ich bin.
Ungewissheit! Dir gebe ich die Hand.
Mach, was du willst, mit meinem Leben.
Gott regt sich nicht. Er kennt mich nicht.
Von meiner Ohnmacht will er nichts wissen.
Ich verstehe ihn nicht.
Mit ihm noch rechten? Wozu?
Er sieht, wie ich mich plage mit allem,
was mir fehlt. Das ist nun meine Not.
Sie aber holt ihn nicht zu mir.

Ich bin müde!

Alles Fragen lege ich neben mich.
Meine Zeit ist ausgegangen.
Mehr hat Gott nicht für mich.
Oder doch – oder doch? Vielleicht!
Vielleicht gibt er noch Zeit, dass ich erkenne,
was ich im Grunde weiß:
Mein Handeln ist wahrhaft zu Ende.
Und Einer ist doch da,
der nicht die Augen schließt
vor meiner dunklen Einsamkeit.
Und dieser Eine!
Vielleicht ist Er mir näher,
als ich es selbst mir bin.
Ach! Vielleicht – vielleicht!
Vielleicht gibt Er mir doch die Hilfe,
die meine Grenzen übersteigt.

Vielleicht!?

30 Alle Welt schaut weg

Wir sind der Willkür ausgeliefert.
Und alle Welt schaut weg.
Warum ist keiner da, der aufsteht,
um dem Verderben Einhalt zu gebieten?
Warum ist keiner da, des Herz Erbarmen klopft?
Warum ist keiner da, der sich für uns behauptet?
Wer kann es begreifen? Ich kann's nicht!

Gott! Vor dir muss ich nicht ordnen,
was ich fühle. Das weißt du ohnehin.
So frage ich:
Ist es denn wahr? Weil du uns liebst,
misst du auch übers Maß uns Tränen zu?
Aber wie lange halten wir so eine Liebe aus?
Und du? Wie lange noch?
Berge aus Leid bedrängen den Himmel.
Sie wollen dich berühren.
Siehst du es nicht?
Sieh doch hin und höre!
Der Stacheldraht hängt voller Fragen.
Und du gibst keine Antwort.
Auch das Gebet, so ist es mir,
dringt nicht zu dir.

Ich frage mich so manches Mal:
Wo bin ich hier – warum?
Bin ich im Leben?
Angst als Aufgabe im Ghetto,
ist das denn meine Wirklichkeit?

O mein Gott! Erbarme dich!
Wie sehr bin ich bedroht!
Das Ghetto ist mir
zur angstvollen Frage geworden.
Ich bin durcheinander.
Doch deinen Namen hab ich nicht vergessen.
Du bist groß! Du bist wahrhaftig!
Dein Wort deckt sich mit deiner Treue.
Du bist, der du bist.
Einen Engel könntest du schicken
oder einen Propheten, der sagt:
Fürchte dich nicht!
Der Allmächtige entzieht sich nicht dieser Zeit.
Halte daran fest: Gott ist für dich da.
Er sieht das Elend, versteht jeden Schrei.
Deine Wirklichkeit lässt er an sich heran.
Sein Herz schlägt nicht vorbei am Lager.

Mein Gott! Mein Gott!
Wie viel ich auch von dir
und über dich erkenne,
du bist in Wahrheit noch viel größer.
Du lässt doch meinem Volk und mir
durch den Propheten Jesaja sagen:
„Ehe sie rufen, will ich antworten,
spricht der Herr.
Und wenn sie noch reden, will ich hören."

Allmächtiger!
Diese Verheißung ist niemals verstummt.
Ich fange an nach jeder Nacht.
Dein „Fürchte dich nicht!" wird mich begleiten.
Und du wirst mich ganz versorgen:
meinen Leib, meine Seele,
den Geist, den Glauben.

31 Es wurde anders

Gott, komm zu uns!
Komm in das trostlose Dunkel.
Sieh dir an das grausame Elend
in den Baracken.
Die vielen Kinder!
Ihre erschrockenen Augen,
verlorenen Blicke,
irren gequält durch das Nichtverstehn.
Kein Trost kann sie erreichen.
Es gibt dafür keine Sprache.
Ihnen fehlen vertraute Gesichter.
Ihnen fehlt das Brot für die Seele.

Erbarmer!
Ich stehe starr und frage:
Warum wehrt Gott nicht dem Verbrechen?
Wie passt das zusammen?
Kinder und Leid und Tod?

Bringe doch mit deinem Geist
zur Besinnung die Feinde.
Lass sie erzittern vor deiner Heiligkeit.

Wir sehnen uns danach,
früh zu erwachen mit Freude
auf den Morgen – auf den Tag.
Mit Lob und Dank möchten wir erzählen:
Es gab die Zeit; wir waren im Ghetto.
Gott aber sah in die Knechtschaft,
sah in die Ohnmacht, sah unsere Schmach.

Als wir in Demut flehten:
Komm, Herr! Komm!
Bleibe nicht stehn in dem,
was die Gegenwart uns zeigt.
Auf deine Gnade sind wir angewiesen.

Erbarme dich über die Bewacher!
Erbarme dich über uns!
Lass heilsam dein Antlitz leuchten
über den Kindern – über uns allen.
Da kam zu uns die Antwort:
Was der Allmächtige verheißen,
das tut er auch.
Er ließ uns merklich seine Nähe spüren.
Die uns quälten, kamen zur Vernunft.
Das Böse zerbrach. Es wurde anders.

Ja! Der Gott Israels nahm uns ernst.
Die Heimkehr zu den Familien
hat er gebahnt.
Den Grund für unsere Erwartung
hat er selbst gefestigt.
Wie er einst sein Volk jeden Morgen
für einen Tag mit Manna versorgte,
so nahmen wir Kraft aus seiner Hand
von Tag zu Tag.
Und das war unsere Sicherheit.

Wir standen auf – wir schauten zum Himmel –
und lebten – leben weiter.

32 Sind wir mit unsrer Zeit allein

Die Trennung der Familie annehmen,
das Ghetto als gegeben hinnehmen,
sich darin einrichten?
Das kann ich nicht. Ich will es nicht!
Wo liegt für uns der Sinn?
Ich sehe keinen! Auch nicht später.

Gott! Dass du es gewollt,
das kann doch gar nicht sein.
Ich weiß es doch:
Du bist in mir.
Du bist für mich.
Du bist für die Familie
von allem Anfang an.
Wie hängen wir an dir!
Die Sicht zum Himmel hältst du offen.
Was wir bisher erkannt, geglaubt,
ist jetzt nicht ausgelöscht. Das bleibt!
Dafür sorgst du, unser Gott.

Wir müssen nicht fragen:
Sind wir mit unsrer Zeit allein?
Warum lässt uns dein Wille leiden?
Warum lässt du den Sinn uns nicht erkennen?
Wir könnten es wohl leichter dann ertragen.
Wir dürfen wissend leben:
Glaube bewegt die Gedanken.
Glaube bewegt alle Kräfte.
Beim Sichtbaren bleibt er nicht stehn.

Du kommst zu uns auch
im Echo der Vergangenheit.
Tage, Orte werden wach in der Erinnerung.
Gesichter lächeln uns zu.
Manche Begegnung leuchtet auf,
zeigt ihren Wert.
Mit Dank sehen wir zurück auf deinen Segen.

Gott! Ist auch die Gegenwart verdunkelt,
wir sehen nach vorn und glauben:
Du rückst von uns nicht weg.
Deine Treue ist endgültig.
Du kommst in jeden Tag, der vor uns liegt.
Du wirkst in uns, wovon wir leben.

Treuer Gott! Was wir auch denken,
am Ende bist doch du die Antwort.
Wir sehen, Vergangenes und Heutiges
berühren sich aufs Neue –
und weisen uns das Künftige.
Wie du gehandelt, so handelst du auch jetzt
an mir, an der Familie, an deinem Volk.
Denn in dir kennen wir den einen Gott,
der einst zu Josua gesprochen:
„Ich lasse dich nicht fallen
und ich verlasse dich nicht."

Wir halten weiter daran fest:
Du bist die Hilfe, die wir brauchen.
Du schenkst uns Glauben:
Nach Hause führt uns dein Versprechen.

33 Sieh doch, wie rechtlos wir sind

Beim Propheten Jesaja steht geschrieben:
„Mir hast du Arbeit gemacht
mit deinen Sünden.
Und hast mir Mühe gemacht
mit deinen Missetaten.
Ich, ich tilge deine Übertretungen
um meinetwillen
und gedenke deiner Sünden nicht."

Mein Gott! Gott Israels!
Nun sitze ich hier fest im Lager
mit dem Erkennen:
Vieles, was ich getan und nicht getan,
war nicht gut vor deinen Augen.
Aber von weit her kommen Gedanken:
Du tilgst Israels Sünden.
Du gedenkst meiner Sünden nicht.

So lass mich doch spüren
deine umfassende Liebe.
Öffne mir die Tür zu deiner Gnade.
Mich plagt Vergehen:
Von dir bin ich weit abgewichen.
Wo sollte ich hin mit Tränen der Reue,
wenn nicht zu dir?
Ich kann nur ahnen, du weinst mit mir.
Denn du bist gütig.
Und du liebst.

O Herr, der du die Geschichte
der Menschheit lenkst,
du hast die Geschichte deines Volkes
in deinen Händen.
Sieh doch, wie rechtlos wir sind.

Du hast gesagt:
„Das Volk, das ich mir bereitet habe,
soll meinen Ruhm verkündigen."
Darum flehe ich: Komm!
Komm, Gott der Gnade! Komm!
Komm in diesen finsteren Kerker!
Komm und zeige aufs Neue dein Angesicht.
Durchmesse unser Dasein – sage:
Eure Tränen fließen in mein Herz.
Ich sehe eure Ohnmacht.
Glaubt! Ich werde euch befreien.

O Gott!
Solange wollen wir einander trösten:
Der Allmächtige kommt
in unsere ausgehöhlte Kraft.
Die Feinde schaffen es nicht,
ihn aus der Bahn zu werfen.
Er selbst gebietet ihnen Einhalt.
Denn er hat vor Zeiten gesprochen:
„Das Volk, das ich mir bereitet habe,
soll meinen Ruhm verkündigen."

34 Ich will nicht vergessen

Ich gehe in Gedanken durch meine Stadt.
Sehe Menschen in den Straßen.
Sehe den Boten mit der Post.
Komme vorbei am Haus des Schneiders;
dann an dem Platz, wo noch die Synagoge stand.

Vor meinem Haus bleibe ich stehn:
Treuer Gott!
Du warst immer dabei beim Purimfest;
den Tagen des Festmahls – der Freude.
Die Kinder waren verkleidet.
Wir sahen sie selbstvergessen im Spiel.
Und wie haben wir miteinander getanzt!
Haben gelacht! Gelacht!
Es war ein Fest! Ein heiliges Fest!
Alle wussten wir um den Grund,
die Kraft und den Dank aus Erinnern:
Der Errettung der Juden Persiens
vor dem Anschlag des Judenhassers Haman.
Ich will nicht vergessen:
Meine Vorfahren kamen damals
vor ihren Feinden zur Ruhe.
Leid wurde verwandelt in Jubel,
in Dank, in festliche Tage.

Mein Gott!
Als den Treuen erkenne ich dich.
Du rettest auch uns vor dem Anschlag.
Es kommt der Tag, wir sind vereint;
feiern mit Nachbarn, den Freunden
das Purimfest und rufen einander zu:
Gott blieb bei uns auch im Ghetto.
Und hat mit uns geglaubt.
Sein Bund bleibt ewig!
Uns trägt Erinnerung.
Uns trägt die Geschichte.

Erbarmer! Du Gott Israels!
Bis dahin bin ich bereit zu warten.
Ich bitte dich, ermutige mich jeden Tag:
Du gibst den Feinden mich nicht preis.
Du sicherst uns allen das Leben.
Und wir werden von deiner Geschichte –
unserer Geschichte mit dir – erzählen.

35 Ich möchte gehen

Gott! Mein Sinnen geht zu dir:
Wohin wirst du mich führen?
Wie viel Leid ist für mich vorgesehn,
wie viel Zeit für ungewisses Leben?

Was soll ich tun? Und wohin gehn?
Gehn? – So kommt das Echo zurück.
Gott hat doch alle Fäden in der Hand.
Und seine Wege bleiben unerforschlich.
So frage ich mich, wo bin ich eigentlich?
Manchmal atme ich vor mich hin:
Gott! Du selbst hast mich so weit gebracht.
Jetzt öffne den Himmel, nimm mich zu dir.
Du siehst es doch: Bilder des Verderbens,
Bilder des Verbrechens sind meine Wirklichkeit.
Die Kraft ist im Schwinden; ich sieche dahin.
Keiner fragt: Wie geht es dir?
Und keiner sagt: Ich liebe dich.
Mein Zittern geht ins All,
sucht Halt – findet ihn nicht.
Ohne Trost sind meine Tage.
Ich aber möchte Frieden haben,
mit dir – und mit mir selbst.

Gott! Du bist mir wirklich Gott.
In dieser Lage einen andern rufen wäre sinnlos.
Komm! Beeile dich, mir zu helfen!
Beseitige, was mich vernichten will.
Ich kann mich nicht verteidigen.
Aber noch spüre ich die Gunst,
die du in mich gelegt hast:
Ich darf mein Sehnen nicht verlieren.

Gott! Hörst du mein Warten?
Es ruft. Es fleht in dein Herz:
Erhebe deine Rechte, du Mächtiger!
Mein Glaube erwartet Wunder:
Da sehe ich ein Tor vor mir.
Ich wage es, durch dieses Tor zu gehn.
Und keiner schreit: Zurück!
Ich finde, was ich brauche:
Leben! Leben in Würde und Freiheit!

O Gott! Vergiss mich nicht.
Vergiss nicht meine Sehnsucht:
Ich gehe, gehe – laufe.

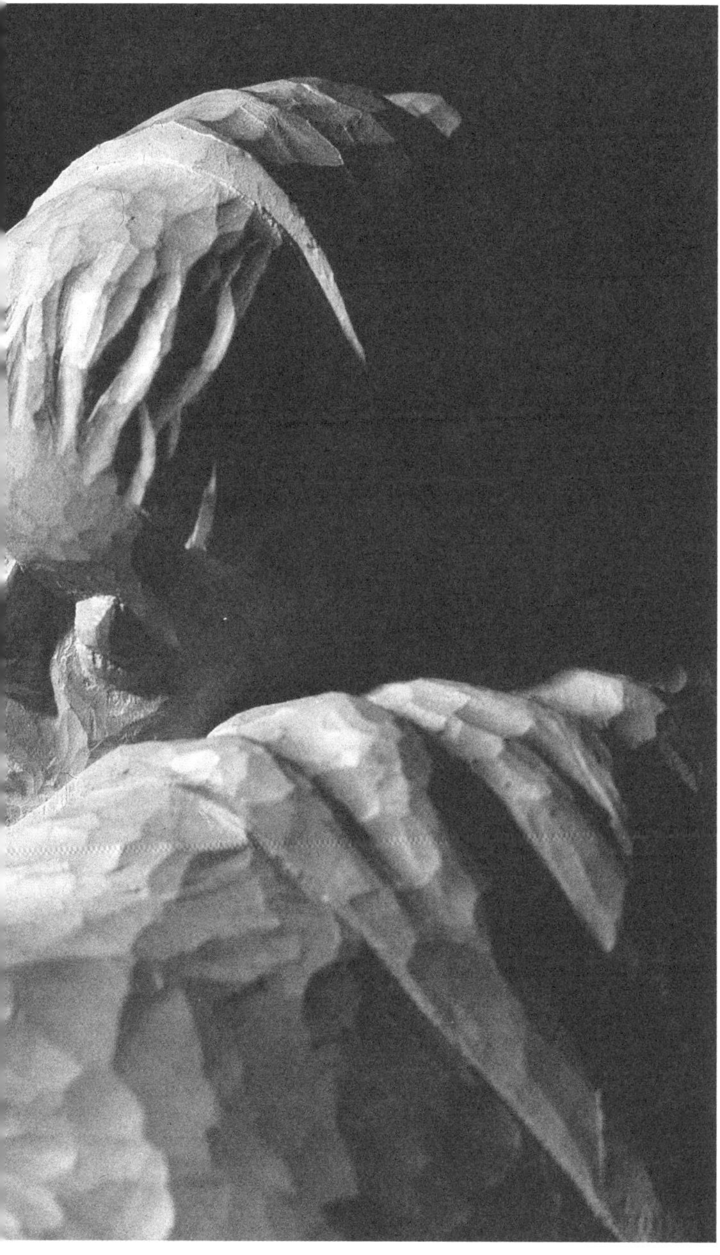

36 Bewachst du meinen Weg

Gott! Du bist so fern
und bist mein Nächster doch.
Dir kann ich alles sagen:
Ich leide an dir, leide an mir.
Ich leide an diesem Leben.
Eng ist es geworden – und klein.

Als tragenden Grund hatte ich dich
für mich und die Familie erkannt.
Nun bin ich unsicher geworden.
Der Boden schwankt.
Er trägt mich nicht.
Haben wir dich nicht gefunden
für das ganze Leben?
Sehnen nach meinen Kindern,
dem Mann – zerreibt meine Seele.
Bewachst du meinen Weg?
Achtest du auf die Familie?
Ich weiß nicht mal, wo sie jetzt ist.
Ob sie noch lebt?

Gott des Lebens!
Vor meine quälenden Gedanken
setze schnell einen Riegel.
Erleichtere mein Herz, lass mich hoffen:
Dein Blick ist frei für unsere Not.
Wir alle gehen nicht verloren.

Unser Gott! Manchmal – meine Welt,
mein Denken fallen ins Dunkel:
Ich bin getroffen bis ins Mark.
Jetzt ist alles aus!

Gottes Gnade ist verblasst.
Und ich frage mich, was hinter allem steht.
Nur leise finde ich zur Antwort:
Vielleicht ist es deine Liebe,
die ich erst später seh.
Vielleicht ist es die Wiederholung:
Wie einst führst du dein Volk zum Klagen.
Ich weiß: Zerstört war Jerusalem,
Väter und Söhne gefallen.
Weggeführt in die Sklaverei nach Babylon
wurden Frauen und Kinder.
Aber sie fanden doch noch Worte,
vor dich sie, unseren Gott, zu bringen.
Ernsthaft haben sie mit dir geredet
über die kaum zu ertragende Not.
Bis sie schließlich aus Verzweiflung
ins Vertrauen fanden:
„Die Güte des Herrn ist es,
dass wir nicht gar aus sind.
Seine Barmherzigkeit hat noch kein Ende,
sondern ist alle Morgen neu,
und deine Treue ist groß."

Starker Gott!
Dieser Glaube kommt wieder zu mir.
Das Leben behält so seinen Platz.
Ich zweifle nicht an deiner Gegenwart.
Wir haben einen Gott, der uns zur Seite steht.
Ich bin doch heute Morgen aufgewacht!
Dass ich lebe, ist ja deine Treue.
Und deine Güte ist es, die mich danken lässt
für diesen Morgen – für das Licht.

37 Ich möchte dich anders haben

Gott! Noch stehen Sterne am Himmel.
Mir aber leuchten sie nicht.
Oft nehme ich mir vor, nach einem zu greifen.
Ich schaffe es nicht.
Der Weg ist zu weit aus der Tiefe.
O Gott! Zeige Erbarmen!
Du weißt es doch:
Freude – Glauben – gehören dazu.
Lass endlich mir leuchten
den Stern deiner Gnade.

Die Bewacher treiben zur Arbeit.
Ich beuge mich – gebe das Letzte.
Sie aber quälen – stoßen – fordern.
Kraft schenkt mir der Gedanke:
Schutz gibt mir die Nacht.

Gott! Dein Eingreifen könnte verändern,
könnte heilen die Bewacher – mich.

Tatenreicher Gott! Warum entziehst du
diesem Ort des maßlosen Leidens
noch immer deinen Beistand?

Du sprichst im Stacheldraht.
Du sprichst in meiner Schwäche.
Ich möchte dich anders haben:
Du nimmst die Last von meiner Seele;
nimmst Sorgen, die mein Herz erregen.

Du, der in der Höhe thront
und in die Tiefe schaut,
steige herab in die Finsternis.
Und lasse aufblitzen deine Weisheit.
Besiege der Feinde grausame Macht.
Ich brauche Kraft zu neuem Denken.
Und ich brauche einen kleinen Schimmer –
ein Funkeln deines Sterns:
Du bereitest den Ausweg aus Qual –
bereitest ihr Ende.
Du trägst mich heraus aus dem Lager.
Und ich sehe zum Himmel:
Mir leuchten die Sterne.

38 Dein Wille ist mir fremd

Ich bin nicht nur bedrückt,
Gott, ich bin erschüttert.
Mein Bitten um das, was mir fehlt,
bringe ich vor dich, denn du siehst:
Das Warten auf dein Wirken
fällt mir schwerer mit jedem Tag.
Morgen um Morgen sehe ich keinen,
der mich trösten könnte.
Ich möchte nicht aufbegehren –
und tue es doch.

Wie soll ich es auch schaffen,
mein Murren zu unterlassen?
Die Realität ist zu grausam.
Ich suche – taste in ihr:
Was will Gott noch von mir?
Was will ich? Leben? Sterben?
Ich weiß es nicht. Ich bin müde!
Gott, entscheide du, was ich kann.

Ich möchte glauben: Deine Liebe
lässt mein Fragen nicht ungestillt.
Deine Liebe lässt mich nicht ohne Antwort.
Doch Glauben ohne zu schauen,
das ist mir nicht möglich.
Manchmal denke ich:
Jetzt bin ich einen Schritt weiter.
Und dann – Ach!
Mein Klagen fährt dazwischen.

Es fällt mir schwer zu sagen:
Gott, mein Wollen verbindet sich
mit deinem Willen.
Zweifel schreien durch das Elend:
Komme ich je fort
aus diesem Ort des Verbrechens?
Doch dabei spüre ich deutlich:
Verzagt sein ist nicht der Boden,
aus dem mir Glauben sprießen könnte.
Verstehe mich, Gott.
Hier ist mir dein Wille fremd.
Verstehe mich, wenn ich mich wiederhole:
Ich möchte auch mit Augen glauben,
nicht nur mit dem Herzen.
Frei möchte ich sein –
und weg aus dem Lager.

39 Die Herzen sind leer

Gott! Muss ich es dir sagen?
Im Klagen, Bangen und Verzagen fand ich dich.
Ich fand dich auch im Dank.
Jetzt bist du mir fern gerückt.
Ich bin dir fern gerückt.
Die Not hält mich ganz fest.
Suchst du mich, bin ich zu finden
im Ablehnen von so viel Leid.

In der Nacht liege ich da –
umringt von Todesahnen,
weiß nicht, was ich beten soll.
Lässt du mich zu dir kommen,
schreie ich in dein Herz:
Es ist genug der Qual!

Gott! Schaue mich an!
Ich bin ein Mensch!
Bin ich es noch vor dir?
Die Schule des Leidens gibt keine Antwort.
Im langen tiefen Tal der Schrecken!
Eine Chance finde ich nicht.
Einer nach dem andern
geht verloren – ohne Trost.
Zu deiner Liebe fehlt die Spur.
Dein Segen, deine Gnade sind weggewischt.
Alles ist dunkel.

Du bist weggegangen!

Gott! Nichts dringt in meine – unsere Angst.
Wir sind aus deiner Hand gefallen.
Und werden immer wieder überrollt.
Unsere heiligen Lieder sind verstummt.
Die Träume fliehen vor uns.
Wir fragen nicht mehr.
Die letzten Gedanken lassen von dir.
Die Herzen sind leer – und du schweigst.
Einst konnten sie glauben:
Deine Gedanken reichen weit; sie gehen tief.
Du erhörst Gebete.
Verschließt deine Ohren nicht.
Jedes Wort nimmst du in dein Herz.
Wenn der Mensch nach dir schreit,
lässt du ihn nicht gehn
aus Dunkelheit in Dunkelheit.
Du bist unser Gott für das ganze Leben.

40 Ein Riss geht durch mein Denken

Ich lebe vom Hoffen auf Hoffnung.
Gott! Was soll ich jetzt tun?
Meine Kraft ist schwach.
Die Gedanken sind finster.
Ich kann nicht mehr nach vorne sehn.
Ich kann nicht sehen bis zu dir.
Ist das noch Leben, das weitergeht, in mir;
das weitergehen will mit mir?
Bleibe ich zurück ohne Hoffen?
Ich spüre doch: Das Leben weicht vor mir.
Das Leben weicht aus mir.

Ach! Wie lange ist es her,
da ich entschieden:
Bleib ich auch nicht – an keinem Tag –
von Demütigung verschont,
so weiß ich doch,
ich bin von Gott geliebt.
Zu ihm darf ich kommen und Tränen weinen,
die geweint werden wollen.
Mein Fragen, die Zweifel nimmt er auf.
Und kommt zu mir herunter
in das Dunkel, weil er es will.
Und wird mit Kraft mich segnen.

O Gott! Du siehst es wohl:
Grausam bricht man in mich ein.
Ein Riss geht durch mein Denken.
Ein Riss geht durch mein Leben.
Mir fehlt die Familie, die Heimat.
Mir fehlen die Freunde, die Nachbarn.
Mir fehlt dein Erbarmen –
die Gnade der steten Hoffnung.

Du kennst mich doch.
Mitunter ist mein Denken übermütig:
Bald ist die Zeit für mich da,
ich werde das Leben genießen:
das Brot, die Sonne, die grüne Wiese,
mein warmes Bett.
Ja! In aller Ruhe koste ich Leben –
am Tag und in der Nacht.

Mein Gott! Nur in Gedanken Leben sehn,
das kann ich nicht für alle Zeit.
Auch kann ich nicht nur mit Fragen leben:
Werde ich je singen, dich wieder loben können?
Werde ich je dazu fähig sein,
Freude zu empfinden – Glück?
Werde ich meinen Träumen
je wieder trauen können?
Und lieben? Glauben?
Werde ich es können?

41 Die Seele macht nicht mit

Unheilvolles Grauen lässt die Luft erzittern.
Ich schaffe es nicht mehr,
mich in das Unvermeidliche zu fügen.
Der Lebenswille droht mir zu zerbrechen.
Wie Tiere werden wir getrieben
von Lager zu Lager.
Uns Juden droht Verderben.

Heute! Auf meinen Schultern
schleppte ich einen Toten in das Lager.
Gleich nach der Arbeit – vor meinen Augen –
ist er zusammengebrochen.
Er war mein treuer Kamerad.

Wem soll ich es sagen – wem,
wenn nicht dir, o Gott?
Überforderung vertrieb ihn aus dem Leben,
wie so viele andere vor ihm.
Mein Leidenskamerad!
Wie stützten wir einander im Hoffen!:
Das feindliche Drängen, dieses elende Elend!
Gemeinsam schaffen wir es durchzustehn.
Selbstmitleid, Groll lassen wir nicht zu.
Jeden Atemzug, jeden Hauch
setzen wir ein ins Weiterleben.
Und wir teilten unser Sehnen,
teilten das Verlangen,
in dem es schrie nach Leben.
In dem es schrie nach Frieden.

Barmherziger! Und nun?
Gehst du durch Nacht mit mir
und durch Verzweiflung?
Behältst du mich im Auge,
wenn Anfechtung mich irre macht,
dein Licht nicht mehr zu sehen ist?

O Gott! Mein Schreien will verstummen.
Die Hoffnung stirbt.
Denn morgen beim Appell
wird mein Kamerad an meiner Seite –
in unserer Reihe – nicht mehr stehn.
Ich kann mich nicht mehr zwingen,
dieses Leben auszuhalten.
Die Seele macht nicht mit.
Gedanken, Gefühle schweben zu dir.

Deine Gegenwart
lass mich erfahren in der Tat:
Du greifst ein in das Verderben.
Du selbst stürzt die Verbrecher.
Und sorgst dafür, dass dieser Sturz
durch alle Welt, durch alle Zeit
für alle hörbar bleibt.
Mein Glaube eilt voraus.

42 Es ist nicht auszuhalten

Gott Israels! Was fange ich an
mit der Weisheit der Heiligen Schrift?
„Versag dir nicht das Glück,
das dieser Tag mit sich bringt.
An der Lebenslust, die dir zusteht,
geh nicht achtlos vorbei."

Gott! Siehst du es nicht?
Ich habe keinen Grund dazu.
Mein Wollen ist entwertet.
Fremder Wille wird mir aufgelegt.
Dem muss ich mich beugen.
Das, was mir zusteht,
bekomme ich nicht zu sehen.
Wie sollte ich danach greifen?
Ich bin aus deiner Ordnung gerissen.

Ich kann mir Lust nicht leisten.
Für Glückliche ist sie nur da.
Der Stacheldraht ums Lager
zeigt es jeden Tag:
So handeln, wie meine Lust mir gerade rät,
das kann ich nicht.
Und ich wage auch kaum,
was Lust für mich jetzt heißt –
Glück heißen könnte –
in Worte zu fassen.
Habe ich Lust zu überleben?
Wäre es Glück? Die anderen sterben,
ich aber gehe durch das Lagertor nach Haus?

Vielleicht ist die Stunde nicht mehr weit,
in der ich um mich schlage:
Missachtung – Unrecht – tun so weh.
Betrogensein bedeutet Schmerz.
Gestoßen werden bringt um den Verstand.
Ich will nicht mehr ertragen!

Mein Gott! Es ist nicht auszuhalten.
Widerstand muss ich in mir ersticken.
Und die Not nimmt nicht ab.
Mir will es nicht gelingen,
zwischen Stacheldraht und meiner Seele
die Grenze zu ziehn.
Sie wird mir immer wieder eingedrückt.
Dringend braucht sie deine Gegenwart,
die alles Quälende beseitigt,
um doch noch Glück zu empfinden.

Gott, du siehst:
Lust – Unlust – werfen in mich Bilder.
Und wenn es nicht nur dabei bleibt?
Ich will mich verlassen, will nicht verlassen sein.
Vielleicht ist es noch nicht zu spät,
du lässt mich erfahren,
auf dich ist wirklich Verlass.
Du rufst mir zu:
„Fürchte dich nicht, denn ich habe dich erlöst;
ich habe dich bei deinem Namen –
ja, deinem Namen – gerufen, du bist mein."

43 Wie lange noch

Gott im Himmel!
Nichts Gutes steht mir hier bevor.
Das spüre ich.
Zwischen Erfüllung meines Sehnens
nach Erlösung
und der Schmach, die ich erfahre –
schwebe ich jeden Tag – jede Nacht.

Barmherziger! Wie lange noch?
Das Hin und Her der Gefühle
nimmt mir Kraft, macht mich krank.
Gedanken, Sinne fliehen – wollen versagen.
Oft schwankt der Boden.
O Gott! Wann stellst du wieder her
das Gleichgewicht?
Wann hilfst du wieder auf meinem Geist?
Siehe! Mein flackernder Mut
klammert sich an Gedanken:
Gott wird mich nicht vergessen.
Ich werde überleben.

Weiß ich auch nicht, wann seine Hilfe
in mein Dasein kommen wird,
so darf ich doch gewiss sein:
Seine Weisheit wirkt bereits den Weg.
Ja! Ich werde leben!

Und ich werde der Familie erzählen:
Das auf Gott gesetzte Vertrauen
hat mich getragen, eilte voraus
durch alle Hindernisse bis zu euch.
In Krankheit, in Hunger
machte ich die Erfahrung:
Mein Glaube belebt die Seele.
Das, was ich brauche,
hält Gott für jeden Tag bereit.

Dann werden wir gemeinsam
dir, treuer Gott, die Ehre geben.
Und deinen Namen, du Ewiger, besingen.
Ja, Dank und Lobpreis gehen weiter
von Geschlecht zu Geschlecht
wie ein Strom.
Denn du hast tödliche Bedrohung
gewendet in erlösende Befreiung.

44 Von Angst bin ich umstellt

O Gott!
Groß ist meine Lebensangst.
Ich bin von ihr umstellt.
Zum Widerstand fehlt mir die Kraft.
Ich schaffe es nicht, mich zu wehren.
Ich frage mich – ich frage dich:
Kann Leid, das ich ertragen muss,
noch Leben sein?

Ich habe Angst vor dir.
Ich habe Angst vor mir.
Ich fürchte mich vor den Bewachern.
Die Bitterkeit sieht keinen Ausweg.
Versuchung schleicht sich ein:
Gott ist dabei, mir vor seiner Allmacht
die Ehrfurcht zu zerstören.
Ja, ich bin versucht, mich aufzugeben.

Mein Gott! Wie soll es weitergehn?
Die Angst geht mich doch an.
Wie lange dauert so ein Menschenleben?
Erreicht es die Befreiung?

Mein Glaube!

Wäre er doch stärker als die Angst.
Wäre er doch mächtiger
als seelenlose Ungewissheit.
Wie kann ich meinem Leben
in dieser Hölle Sinn noch geben?
Gott, dich noch anzurufen, wage ich kaum:
Lass nicht die Zeit in mir zurück
als nur noch abgelebt.
Überlass mich nicht mir selbst.
Komm zu mir in das Lager!
Komm zu mir mit allen deinen Engeln!
Und lass mich hören,
was du deinem Volk verheißen:
„Ich, der Herr, dein Gott,
habe deine Wege gesehen,
aber ich will dich heilen und dich leiten
und dir wieder Trost geben."

45 Meine Gebete sind dunkel

Gott! Einst glaubte ich,
in allem Geschehen hast du die Macht.
Und ich habe dir vertraut:
Du wirkst hinein in meine Gegenwart.
Du denkst an meine Zukunft.
Mein ganzes Leben ist von dir umgeben.
Du hast auch Macht über den Tod.
Nun türmen sich Zweifel.
Der Blick zum Himmel tut weh.
Meine Gebete sind dunkel.

Im Kampf ums Überleben – müde bin ich geworden.
Gedanken drängen sich auf: Gott geht am Lager vorbei.
Er will es nicht sehen, wie wir geschunden werden.
Er will unser Klagen nicht hören.
Seine Hände legt er auf die Ohren.
Das Drohende über uns, das Drohende in uns
nimmt er nicht wahr.
Und jeden Einzelnen aus Gefangenschaft zu befreien
ist ihm zu mühsam.

Ach! Ich komme nicht heraus
aus qualvollem Denken.
Mein Sehnen macht Halt
vor dem Stacheldraht.
Mein Wünschen, mein Hoffen
bleiben an ihm hängen.

Angst durchströmt die Gefühle.
Wer legt mir Gutes ins Herz?
Niemand ist da.
O Gott! Sieh doch, wie hilflos ich bin!
Was hast du vor?

46 Lechajim

Den Wein am Sabbat!
Wer schenkt ihn ein
in den Kidduschbecher – wann?
Wer segnet ihn? Und wer hebt ihn
und spricht zu mir: Lechajim!

Unser Gott!
Wie würde die Seele springen,
könnten wir im Ghetto,
wir, die Gefangenen, einander zurufen:
Zum Leben! Zum Leben!

Ach! Vor meinen Augen
sehe ich die Shallot – zwei Zopfbrote.
Du kennst mein sehnendes Verlangen
nach der Feier am Sabbat.

Wann dürfen wir in deine Gnade schaun?
Wann mit lautem Jubel das Brot genießen,
das Leid vergessen?

Ja, Herr! Wir warten!
Komm und sieh bis auf den Grund.
Wie viel Fragen, Sehnsucht, Tränen
laufen verzweifelt in elektrische Zäune –
wie in ein Grab.
Um deiner Ehre willen flehen wir:
Herr der Welt! Zeige deine Allmacht.
Schlage brutalen Wahn aus den Händen
deiner – unserer Feinde.

47 # Wer bin ich noch

Ich liege da und frage:
Wann schwindet denn die Nacht,
so dunkel, unruhig, voller Angst?
Lässt Gott mich nicht in Frieden?
Und ist dann Tag – es wird nicht heller!
Ich mache wieder Schritte,
Schritte in das eigene Herz.
Mein Fragen nach Sinn hört nicht auf.
Ich komme nicht zur Ruhe.
Alles bleibt dunkel.
Wer bin ich noch?

Einst wusste ich um Gottes Frieden.
Hier findet er mich nicht.

O Gott! Komm mir entgegen.
Ich bin so weit von dir entfernt.
Räum weg, was mir im Weg steht
auf meinem Weg zu dir.
Und lass mich nicht alleine gehn.

Ich möchte glauben Tag und Nacht:
Der Himmel öffnet sich.

Du sendest mir noch einmal –
und noch einmal Frieden
in meine wirbelnden Gedanken.
Bis ich mich bergen kann bei dir –
mit meinem Zweifeln, meinem Sehnen.
Mit meiner grenzenlosen Müdigkeit.

48 Ich sehe meine Not

In meinem Überlegen sind Fragen.
Gott! Sie wollen Antwort.
Habe ich mir von dir – vom Leben überhaupt,
ein falsches Bild gemacht?
Und habe deshalb alles mir zurecht gedacht,
so wie es meiner Absicht passte?
Ja! Um deinen Plan
hab ich mich nicht gekümmert.
Nach deinem Ratschlag nicht gefragt.
Und du drehtest dich weg
von meinem blinden Herzen.
Denn ich liebte nur die eignen Wünsche.
Von keinem wollte ich mich trennen.

Jetzt seh ich meine Not in dem,
was du schon längst mir geben wolltest,
ich aber nicht bereit war, anzunehmen.
Ich habe nur gesehn auf das, was ankommt.
Wie war doch meine Sicht begrenzt!
Wie war ich stolz!
Ich habe nicht gesehn, worauf es ankommt:
Wir Juden wandern
von Jahrtausend zu Jahrtausend.
Die Tage, Jahre sind nur Meilensteine –
zum Innehalten, Rückbesinnen,
Vergewissern: Gott, du bleibst.

Gnädiger! Vergib, dass ich auf meinen eignen Plan
beharrte.
Jetzt fällt er ja zusammen.
Und ich merke: Die dunkle Decke,
die über meinem Glauben lag,
hast du mir weg gezogen.
Nebel, die mein Denken behinderten,
sehe ich schwinden.
Mir ist, als hätte ich bisher
unter Trümmern gelebt.
Du aber holst mich ans Licht.
Und meine Seele ruft nach deiner Wahrheit.

Mein Gott!
Deinem Wollen will ich mich stellen.
Ich werde nicht zögern, aus ihm
Entscheidendes für mich zu nehmen,
damit die Zeit im Ghetto
mir nicht verloren geht.

49 Ich warte

Die Sonne geht auf über mir –
immer noch – für mich!
Und ich kann mich nicht
so recht darüber freun.
Heute – auf dem Weg zur Arbeit –
sah ich einen Hauch von Frieden
über keimender Saat.
Beseelte Ruhe!
In mich kehrt sie nicht ein.

O Gott!
Was ich hier sehe – erlebe,
lässt mich dich nicht schauen.
Verzweiflung und Trotz türmen sich.
Mein Blick zu dir ist nicht frei.
Wie hältst du das aus?
Meine Kraft ist erschöpft
in der Welt des Lagers.
Die Willkür der Mächtigen
will mein Verderben.
Ich schaue mich um, suche Hilfe – sehe:
Jeder hat mit sich selbst zu tun.
Siehe doch! Ich bin einsam!
Einsam auch im Klagen.
Wie wirst du damit fertig?

Gott Israels!
Stehst du im Verborgenen hinter mir?
Stehst du hier im Ghetto
hinter den Verwerfungen
der Geschichte deines Volkes?
Ich weiß: Damals kam für Israel
nach dem Exil Befreiung.
Es ist aber schwer, die Härte im Lager
als dein Wirken anzunehmen.

Mein Gott! Gib mir noch Zeit
für Einsicht und Erneuerung.
Und segne mich mit deiner Treue:
am Morgen, am Tag, in der Nacht.
Ich möchte glauben – möchte spüren:
Steh ich vor dem Abgrund, bist du dabei.
Und wenn mein Weinen
die Finsternis sucht zu durchdringen,
brichst du ins Klagen mit deinem Licht.

Ich warte!